흘러가는 구름처럼
살고 싶다

어미새 권영숙 제8시집

흘러가는 구름처럼 살고 싶다

세종출판사

| 시인의 말 |

한여름 청산은 어찌 저리도 푸른가!
해마다 이맘때면 숨 막히게 푸른 저 청산처럼
내 가슴 깊은 곳에서 피어나는 그리움이 있다.
청산에서 새들이 청량하게도 우는 소릴 들으면,
어미는 새끼를 부르며 새끼는 어미를 부르며
우는 소릴 들으면,
내 가슴에 밀물처럼 밀려드는 그리움이 있다.
그럴 때마다 나는 산을 향해 귀를 세운다.
나를 부른 것만 같아서…,

   이번이 여덟 번째 시집입니다. 변변치 못한 작품을 그리움에 이끌리어 자꾸 쓰게 되었습니다. 그게 나의 숨쉬기 통로이기 때문입니다. 시를 통해 나는 나와 속말을 한 것입니다. 시와 만나 눈물을 흘리고 나면, 시와 대화를 하고 나면, 가슴속에 시원한 초원 같은 길이 열리곤 합니다.

그리움이 하늘의 별이 되어, 달이 되어, 나를 이끌어 준 것입니다. 그래서 시를 쓰는 순간은 늘 행복합니다. 살아가는 이유를 조금 알 것도 같고 사랑의 의미도 조금 알 것 같기도 합니다.

시 속에서 벗들과의 사귐도 더 깊어져 갔습니다. 길가에 피어있는 민들레도 패랭이도 호박꽃도 모두 나의 벗이 되어주었고, 우리 집 돌계단 아래 피어 날마다 나와 눈 맞춤하는 국화도 화단에 심어놓은 고추도 나의 벗이 되어주었습니다. 졸작 『흘러가는 구름처럼 살고 싶다』는 그런 소소한 것들과의 만남입니다.

아직 30도를 오르내리는데 벌써 가을의 전령사 귀뚜라미 울음소리가 들려옵니다. 전령이 가져다줄 소식을 기다리며 '흘러가는 구름처럼' 살고 싶어집니다. 구름이 흐르다가 구름끼리 서로 만나듯 하얀 뭉게구름처럼 흐르다가 구름처럼 만날지도 모른다는 기대 때문입니다. 그리움의 깊은 강을 건너 나를 향해 숨 가쁘게 달려오는 손짓을 상상하며 구름처럼 흘러가고 싶어집니다.

부족한 졸작이지만 그리움의 가슴앓이를 하는 사람, 단 한 사람에게라도 위로가 되어주기를 간절히 바라면서 작품집을 세상으로 보냅니다.

지금까지 저의 졸작을 읽어주시고 저를 위로해 주시고 사랑해주신 지인들과 독자님들에게 이 기회를 빌려 감사하다는 말, 사랑한다는 말을 전합니다.

2024년 9월 마지막 날
대연동 못골에서 어미새 권영숙

| 차례 |

시인의 말 / 5

제1부

15 • 메밀꽃
16 • 먼 곳
17 • 천리향
18 • 나는 왜 눈물이 나는 걸까
20 • 이유를 찾아서
21 • 비어둔 방
22 • 잠이 오지 않는 밤
23 • 어미 새와 허공
24 • 통곡하듯 비가 내리고
26 • 미모사
27 • 바람은
28 • 철길에 핀 꽃
29 • 호박꽃
30 • 아, 그런가 보다
32 • 반달
33 • 비에 젖은 낙동강
34 • 하물며 제비도 슬피 우는데

제2부

37 • 세월이 가면
38 • 흘러가는 구름처럼 살고 싶다
40 • 그녀와 나눈 한 끼 식사
43 • 물레방아집
44 • 빈 무덤 - 대가야 역사관에서
46 • 호박
48 • 병실에서
49 • 멸치
50 • 국화꽃
52 • 장미와 가시
53 • 그리움
54 • 나의 벗들
56 • 꿈이었으면 좋겠다
58 • 보이지 않네
59 • 가슴에서 뜨는 별
60 • 칠월의 하늘
62 • 달처럼
64 • 모성애
65 • 그림 속
66 • 풀과 힘

제3부

69 • 거울
70 • 햇살과 호두
71 • 덩실덩실
72 • 풀
74 • 바다와 달
75 • 선글라스와 노년
76 • 노란 별무리들
78 • 목화밭
79 • 이웃
80 • 감자
81 • 무화과
82 • 나이아가라 폭포
84 • 파도 누가 보낸 기도일까
85 • 비 오는 날이면 생각나는 친구
86 • 칼국수
88 • 화가 난 바람
90 • 봄비
91 • 동백꽃 지는 소리
92 • 벚꽃이 피려고
93 • 비가 오면

제4부

- 97 • 비 오는 날이면
- 98 • 꽃, 나비
- 99 • 장마
- 100 • 현충일에 내리는 비
- 101 • 아침
- 102 • 바람과 사계
- 103 • 산 뻐꾸기
- 104 • 보리밭 복숭아나무
- 105 • 쓸데없는 것
- 106 • 버려진 못
- 107 • 밤하늘
- 108 • 자갈치 시장에서
- 109 • 시간
- 110 • 암곡다리 아래로
- 111 • 가을밤 그림자
- 112 • 호랑나비의 서사
- 114 • 퀸엘리자베스 공원

제5부

119 • 계절
120 • 종이 한 장
121 • 옥수수와 여름밤
122 • 가을 색깔
123 • 시골 달밤
124 • 버려진 양말
126 • 꽃 배를 타고
127 • 무릎
128 • 무지개다리
130 • 시월의 이별
132 • 하룻밤
133 • 노랑머리 새
134 • 엄마 벌
135 • 단풍잎
136 • 가방
138 • 여름

• **작품해설 | 박정선** / 139
그 길을 가야만 하는 필연의 노래

제1부

메밀꽃

개울가 하얗게 핀 메밀꽃
눈꽃처럼 모여앉아 반달을 본다

달은 조금씩 메밀꽃을 따 먹는다
배가 부른 달 통통 살이 오른다

메밀꽃은 하나 둘 고개숙여
까만 눈물 씨앗을 만든다

달은 날마다
메밀꽃을 따 먹다

시간 가는 줄 모르고
그만 집을 잃고
까맣게 길을 헤맨다

먼 곳

뱃길 얼어붙어 가지 못한다

꽁꽁 얼어붙어 노 젓지 못한다

건널 수 없는 강

그리운 사람아,

멀리 있는 사람아,

하늘에서 땅까지 닿은
긴 팔 뻗어

내 손 잡아 당겨주었으면

천리향

꽃샘바람을 타고
세상으로 퍼지는 향기

얼마나 그리웠으면
얼마나 기다렸으면

천 리를 향해
이리도
숨 가쁘게 퍼지는가

향기를 주머니 가득 담아
그대에게 택배로 부친다

나는 왜 눈물이 나는 걸까

이른 새벽, 안개 자욱한 호숫가
하늘 세계 같다
물고기들 아직 깊은 잠에 빠져있다

잔잔한 호숫가 가벼운 그림자도
안개 위에 앉지 못한다

비로소 물고기 숨 쉬는 물방울
보글보글 떠오른다
안개꽃처럼 송이송이 피어오른다

나뭇잎이 흔들리고
산새 소리 속삭인다

팽이 꽃처럼 저편에서
붉은 해가 돋아난다
물안개 사라지고
송사리 피라미 숭어 떼가
힘차게 허리를 흔든다

누가 뭐라 해도 다시 하루가 시작되는
이 엄숙한 불변의 진리 앞에
나는 왜 눈물이 나는 걸까,

이유를 찾아서

왜 사느냐고, 누가 묻는다면 무슨 말을 해야 할까
나 지금, 무엇을 해야 할까,
마루가 반들거리도록 윤이 나게 쓸고 닦아 볼까,
마루가 반들거리면 좋은 것일까?
맛있는 거나 먹으며,
하루하루 그럭저럭 시간을 보내볼까?
맛있는 거 먹으면 행복할까?
맛은 영원할까? 아니, 아니야,
재미있는 거나 해볼까?
친구들과 차를 마시며 박장대소 웃고 떠들어 볼까?
그러면 즐거울까?
모두 부질없는 일,
마음 모아 글을 쓴다, 구름과 바람을 벗 삼아
비 오는 날의 빗소리를 벗 삼아
아무도 없는 나 혼자만의 시간 속으로
누군가의 인도를 따라 또박또박 따라가 본다
먹고 마시고 노는 일 언젠가는 그치고 말지만
누군가 이 세상 단 한 사람이라도 내 이름을 불러준다면
그렇다면 태어난 이유가 되리라
김춘수 시인의 '꽃'을 생각하며
내가 내 이름을 불러줄 이유를 찾아 떠나본다

비어둔 방

여러 달 동안
방문 한 번 열지 않았다

어느 날 방문을 열었더니
구석구석 쌓여있는 수많은 사연

먼지와 침묵의 공기

물은 흘러갈 때 소리를 낸다
연못의 물,
흘러가지 못한 물은 소리가 없다

오랜만에
방문을 열었더니
기사회생하듯 숨 쉬는 소리

소통의 환기

방도 누군가 열고, 닫고,
닫고 열어주기를 기다린다

잠이 오지 않는 밤

밤이면 잠들지 못합니다
여름밤이면 더욱 잠들지 못합니다
가슴이 시려서
칠월의 여름밤이면
가슴이 얼음장처럼 차가워서

문득문득 떠오르는 칠월의 그날
눈에 가득해진 눈물이 베개를 적십니다

아무도 몰래, 시리고 아린 밤
자정이 넘고 새벽으로 가는 데
하늘의 별 하나가
안부를 전하듯이 나를 향해 손짓합니다

하고 싶은 말이 참 많은데
청순한 얼굴로 긴 머리칼을 흩날리며
나를 향해 손짓합니다

어미 새와 허공

산은 청춘이다
나무들 마음껏 날개 펴
푸름을 자랑한다

새들은 나무에 둥지를 틀고
새끼를 품고 노래한다

칠월이면
녹음이 짙어지는
칠월이면
산을 향해 우는 어미새가 있다

나뭇가지에 둥지를 틀고
새끼를 품을 수 없는 어미새
칠월의 푸름을 타고
어디론가 날아가 버린 새끼를
기다리는 어미새

어미새, 나뭇가지에 앉아
허공을 향해 혼자 운다

통곡하듯 비가 내리고

보이지 않아도 보입니다
모두 그대로 있습니다
아침이 오고 저녁이 오고
밤이 오는 것도,

그대가 쓰다 두고 간 책상도 머리빗도
즐겨 입던 옷도 손수건도 그대로 있습니다
애지중지 키우던 어린 선인장도
그대로 있습니다

그대는 갔어도 봄이 오고 산마다 진달래 피고
울타리마다 노란 개나리가 핍니다

뒷산 뻐꾸기 뻐꾹 뻐꾹 울어대고
나는 나무에 기대어 웁니다

그대가 앉았던 책상에 앉아 기다려보아도
소식이 없습니다

붉은 장미가 뚝뚝 져버린 칠월
나는 대문 앞에 나가 그대를 기다립니다
장맛비가 땅을 치며 통곡하듯 내립니다

미모사

나는 눈물을 흘려야 산다
낮보다 밤이 더 좋다
산이 깊고 인적이 드문 곳이 좋다
깊은 토굴 속에서 혼자 울고 싶다

밤은 대낮보다 더 밝다
눈물이 하얀 꽃송이처럼 피어난다
어느 신부의 드레스보다
더 고운 옷

나의 눈물로 영안이 밝아진다
세상의 근심
속절없이 털어내는 속
한숨과 고뇌가 뜨거운 눈물로
녹아내린 밤

날이 밝아지면
나는 조용히 눈물을 닦는다

바람은

바람은
보이지 않는
그림자

모양도 없고
색깔도 없는
그림자

바람은 보이지 않게
꽃을 나뭇잎을 흔들고
사라져버리는
허상

사람의 마음을
흔들고 사라져버리는
허상

바람이 지나간 흔적마다
허상의 아픔

철길에 핀 꽃

봄볕 따뜻하게 내리는
기찻길
어린 꽃들 겁 없이
철길에 피어있다

천진난만한 아이들처럼
민들레 선로에 붙어
헤실헤실 웃고 있다

침목 사이 냉이꽃
한들한들 바람을 탄다

보랏빛 제비꽃들
선로가 침목 사이
여기저기에 모여 앉아
가위바위보 놀이를 한다

겁이 많은 큰 꽃들은
기찻길에 피지 않는다

호박꽃

폐쇄된 철길을 따라 걸어간다
뜨거운 자갈길에 호박꽃이 피어있다

호박꽃
뜨거운 태양 아래 한껏 자태를 뽐내며
함박, 웃고 있다

벌떼들
못된 사내들처럼
호박꽃을 둘러싸고 윙윙댄다
누가 먼저 호박꽃을 탐할까
경쟁한다

벌떼를 몰아내 주고 싶은 마음,
나는 걸음을 멈추고 마른 나뭇가지를 주워다
휘저어본다
벌떼들 놀라 어디론가 도망가 버린다
그런데,
호박꽃 샐쭉하게 삐쳐버린다

아, 그런가 보다

꼬리가 길어지는 그리움
꼬리는 갈래갈래,
끝없이 이어지고 갈라진다
하늘과 땅을 오르락내리락,

이른 봄 똑똑
누군가 문을 두드린다
창문을 연다
홀씨 하나가
가슴 속으로 날아든다
민들레를 좋아했던
그대는
지금도 민들레를 좋아하나보다

민들레는 해마다 꽃을 피우고
홀씨가 날아오른다
아, 그런가보다
그대는 민들레 홀씨가 되어
해마다 나를 찾아오나 보다

사뿐히 날아오른 민들레 홀씨가
천천히 천천히 방안을 돌다 사라진다
텅 비어버린 가슴이 하늘보다 넓다

반달

작은 쪽배 하나
밤하늘을 간다

누굴 태우러 가는지
서쪽으로 서쪽으로 간다

저 쪽배를 타면
그곳으로 갈 수 있을까,

그리운 이가 있는 곳
그곳으로 갈 수 있을까,

쪽배를 향해 손짓해본다
밤새워 손짓해도

은하수 눈물처럼 흐르고
쪽배 모른 척 그냥 간다

비에 젖은 낙동강

비가 온다
낙동강 비를 맞으며 운다

무수한 빗방울이
강물에 동그라미를 그린다
잊으라고 달랜다

강도 울고 싶을 때가 있다
맑은 날에 울 수 없어
강, 비에 젖어 운다

수많은 사연을 잉태한
낙동강,
강은 하늘을 향해
아무도 몰래 운다

다시는 강으로 태어나지 말자고
다시는 물이 되지 말자고
가슴에 희미한 낮달을 안고 운다

하물며 제비도 슬피 우는데

고속도로 한가운데 제비가 누워 있다
까만 상복을 입은 가족들이 운다
전신주에 문상객이 까맣게 줄지어 앉는다

차들은 힘을 다해 달린다
문상하는 제비들이 슬픔을 안고
애도의 묵상을 한다

전신주에도 도로에도
애도의 물결,
까맣게 까맣게 줄을 잇는다
이승과 저승은 오갈 수 없어
제비들 슬피 운다
하물며 제비들도 슬피 우는데

제 가족을 잃고도 슬프지 않는
인간이 있을까,
없을 거야, 이 지상엔 없을 거야,
나는 말도 안 되는 말을 입속으로 웅얼거리며
누워 있는 제비와 슬퍼하는 제비들을 조상한다

제2부

세월이 가면

어미 매가 창공을 힘차게 차고 나간다
바람도 구름도 휘어 감듯 한 날개의 바람 소리

매의 생애는 장장 70년이란다
70년을 살기 위해 중간에 재생을 거쳐야 한다
40여 년쯤 살고 나면 몸을 새로 갈아 끼운다
단단한 바위에 부리를 찧어 40년 동안 사용한
헌 부리를 뽑아내고 새것으로 갈아 끼운다
발톱, 깃털도 다 뽑아 새로 나게 한단다
피를 흘려야 한다 고통을 감내해야 한다
예리한 발톱이 할퀴고 지나간 자리마다
시퍼렇게 멍이 든 몸은 새로 거듭난다

거듭난다는 것은 그렇게 멍이 들도록 피 흘리는
고통을 치러야 한다

사람도 한 오십 년쯤 산 다음 거듭날 수 있다면
좋을까, 정말 좋을까,

흘러가는 구름처럼 살고 싶다

구름이 흘러간다
흘러가다가 구름 끼리 만난다
구름이 흘러가다 구름과 만나
차 한 잔 나누며 이야기에 빠진다
그러다가 서로 헤어진다
헤어져 넓은 하늘을 흐르다가
또다시 만난다

흘러가는 구름처럼 살고 싶다
흘러가다 구름을 만나
차 한 잔 나누며 이야기에 빠지고 싶다

안부를 묻고 싶다 잘 있는지,
그곳에서 행복한지
나의 사랑하는 사람
이젠 제법 나이를 먹었으리라
저 넓은 하늘에도 세월이 구름처럼 흐른다면

흘러가는 구름처럼 살고 싶다
흐르다가 구름처럼 만나고 싶다
낮엔 푸른 하늘을 건너
밤엔 은하수를 건너
흐르다가 흐르다가 만나고 싶다
나의 사랑하는 사람

그녀와 나눈 한 끼 식사

화창한 봄날 동대구역에서 언니와 만나기로 했다
정성들여 도시락을 준비했다
찬합에 밥을 담고 몇 가지 조림반찬을 담고 부침개도 담았다

부산역에서 KTX 고속 기차를 타고 50분 만에
동대구역에 도착했다
언니와 광장 나무 아래 둥근 의자에 앉아 준비해온
도시락을 먹기 시작했다
하늘은 맑고 흰 구름이 흘러갔다
구름을 타고 하늘을 날며 먹는 것 같았다
햇살이 간혹 나뭇잎 사이로 엿보고 갔다

수많은 사람들이 지나가면서 우리 도시락을 힐끔, 힐끔, 보면서 갔다
침을 삼키면서 갔다 그중 한 여성이 맛있겠어요, 라고 했다
호호, 같이 좀 먹을래요? 내가 말했다 그녀의 말에 대한 답으로,
그런데 그녀, 먹어도 돼요? 라고 한다. 아, 예, 여기와 앉으세요,

생면부지 낯선 여성과 함께 도시락을 먹었다
반찬이 맛있다며 그녀는 잘도 먹었다
요즘 세상에 처음 보는 낯선 사람에게 다가가 밥을 먹는
그녀가 이상하기도 하고
신기하기도 했다 한편으로는 얼마나 사람을 믿으면,
그럴까 싶었다. 고마웠다

입고 있는 옷도 얼굴도 예쁘다 그녀는 서울에서 누굴
만나려고 대구에 왔다고 했다
도시락은 셋이 먹고도 남았다.
그녀는 남은 밥과 찬을 바라보며 남은 걸 가져가도
되겠느냐고 물었다
흔쾌히 밥과 반찬을 모두 싸주었다

우리는 커피도 마시고 쇼핑을 하러 백화점으로 갔다
언니는 커피를 마시면서도 나에게 예쁜 원피스를
사주면서도
내내 그녀 생각을 했다
얼마나 배가 고팠으면 우리가 그냥 해본 말인데 덥석
밥을 먹었겠느냐고,

아무래도 무슨 피치 못할 사정이 있는 것 같다고, 우리가 정말 좋은 일을 했노라고,

생면부지 그녀와 나눈 한 끼 식사가 가끔 나를 기쁘게 한다 내가 정성껏 마련한 도시락을 너무나 맛있게 먹던 그녀를 생각할 때마다

물레방아집

유명하다는 추어탕 맛집
번호표를 뽑아 들고 줄을 섰다
그늘도 없다
쨍쨍 내리쬐는 태양
목이 타들어 갔다

물레방아집 물레방아는 잘도 돌아간다
물을 철철 흘리며 돌고 돈다

기다리는 손님들은 목이 탄다

빈 무덤
– 대가야 역사관에서

경북 고령 지산리 순장 무덤 44호분에 매장된
고대 사람들,
대가야 왕과 왕의 가족들과 종들이 누워있다

왕의 무덤을 중심으로 왕비, 시녀, 자매, 부녀, 주모,
어린아이들 순서로 무덤이 모여 있다
왕과 왕비는 살 만큼 살고 죽었고
시녀부터는 죽은 왕의 수발을 들라고 산 사람을 산채로
혹은 즉석에서 죽여서 매장해버린 순장이다
약물을 먹여 죽이거나 둔기로 때려 죽여 묻었다고

무덤 속에 왕을 위한 곡간도 있고
생선, 야채, 과일을 저장하는 창고도 있다
왕이 즐겨 먹었다는 복숭아도 묻었는지
복숭아씨도 있었다고

그런데 여자 종 무덤 하나가 비어 있다
여종은 어디로 갔을까, 무덤에서 부활했을까,
도망쳤을까,

아직도 그 여종 찾지 못했다고,
도망간 여종의 무덤,
돌로 덮인 빈 무덤이 길게 누워있었다
잘했다고 칭찬을 하며 그녀의 무덤에 꽃 한 송이
놓아주고 싶었지만
참았다
아직도 왕은 그 여종을 찾고 있을지 몰라서,
찾아서 능지처참하려고 벼르고 있을 것만 같아서

호박

사월 봄비가 축촉이 내리는 날
학교 교정 뒷산 아래 구석에
호박씨를 심었다

싹이 언제 나려나,
날마다 흙 속을 헤집어보며
싹이 올라오길 기다리는 시간이
행복했다
싹이 돋아났다
통통한 예쁜 떡잎이 하루가 다르게 잘도 자랐다

우거진 풀 속에서 풀과 어우러진 호박잎
학교 사람들이 풀을 벨 때 예초기에 잘려나가면 어쩌나,
가슴 두근두근 조바심의 시간
아니나 다를까, 한 잎은 예초기 칼날에 날아가고
한 잎만 구사일생으로 살아 있다
팔 하나를 잃은 호박잎은 무성하게 잘 자라
철조망 울타리를 타고 높이 올라가더니
아기 주먹만 한 호박을 달고서 나에게 재롱을 떤다

장하고 기특하다
아침마다 나는 호박을 보러 가고 호박은 아침마다 달라져 갔다
이제 아기 머리통만 하게 자란 호박,
차마 딸 수가 없다 그냥 그대로 바라만 보고 싶어
날마다 찾아가는데,
어느 날 아침 그만 호박이 사라지고 없다
가슴 한구석으로 불어오는 허전한 바람 한 줄기

병실에서

침대가 나란히 놓여 있는 병실
노년 환자 여섯 명이 수액을 달고 누워 있다

방울방울 떨어지는 물방울
투명한 링거 줄을 타고 몸속으로 스며든다

늘어진 혈관은 길을 잘 내줄까,
젊은 시절 함부로 부려먹은 몸이
걸핏하면 링거 줄에 매달린다

방울방울 떨어지는 수액이
눈물처럼 몸속으로 스며든다

인내로 버텼던 시간을 수액에 의지한 채
누워 있는 환자들

유난히 링거 줄을 많이 단
내 옆 환자가 노랠 부른다

-청춘아, 내 청춘아 어딜 갔느냐

멸치

파도에 몸을 맡긴 멸치
떼 지어 몰려다닌다
도시락 조림 반찬 최고의 맛
고추장 쿡 찍어 밥맛 돋워 주던 멸치

의리 있는 멸치

혼자 다니지 않는다
혼자 잡히지도 않는다
혼자 팔려가지도 않는다

뜨거운 물에 데쳐도 눈도 감지 않는다
바싹 말라 죽을 지라도
눈 똑 바로 뜨고 있다

국화꽃

우리 집 돌계단 모퉁이에
하필이면 어렵고 힘든
돌계단 틈새에 뿌리내린 국화꽃
몸은 힘들어도 꽃은
지고 곧고 더 순수한
보랏빛 여섯 송이

계단을 오르내릴 때마다
나를 향해 당부하는 너
된서리 내려도
몸 똑바로 세우고
하늘을 보세요

오늘도 내 귀에 속삭이는
당부
그렇다, 나는 된서리에
몸 똑바로 세우지 못했다
지조는 휘어지고
부러지고 꺾였다

올해도 나를 위하여
하필이면 돌계단 모퉁이에서 피어나는
보랏빛 국화꽃

장미와 가시

장미꽃 붉게 피었다
속에 천불이 나
꽃봉오리마다
불꽃 활활 탄다

시집살이 참다못해
불꽃으로 타는 걸까

장미 꽃대마다
가시 돋쳤다
사수의 화살촉처럼
날카로운 가시 달았다

이젠 참지 않겠다고
꼿꼿하게 가시 세우고

햇살 쨍쨍한 백주대낮에
높다란 담을 타 넘고 있다

그리움

웃고 있어도 늘 울고 있는 사람
그리움은 강물 따라 끝없이 흐르고
못 다한 사랑은 강물 따라 흐르네

웃고 있어도 늘 울고 있는 사람
그날의 강물은 어느 곳으로 흘러갔을까
애타도록 그리운 이 잡지 못하고
강물만 바라보네

달이 구름 속에 숨어버리듯
그리운 이 보이지 않고
싸늘한 바람만 가슴에 머물고 가네

나의 벗들

천지가 아파트 시대에 우리 집은 단독주택이다
대문을 열고 마당으로 들어서면
고추나무들이 양옆으로 쭈욱 줄지어 서서
거수경례를 붙이며 나를 영접한다

내가 현관으로 오르는 아홉 계단을 다 오를 때까지
충성스럽게 경례를 한다

마치 병사들처럼 나와 함께하는 고추나무들
봄부터 푸른 제복을 입고 초병을 서는 병사들처럼
나를 지켜주듯 내가 잠을 잘 때도 꼿꼿하게 서 있다

한여름 태양 아래 매운맛을 들이는
태양초 부대
성격도 얼굴도 제각각 다른 고추가 열린다
얼굴이 둥근 엄지 같은 초병은 고춧대 속에
숨어 꾀를 부린 탓에 살만 통통 찐 아삭 고추

하루 종일 얼굴을 내놓고 태양을 받는 고추는
매운맛 가득한 땡초가 된다

계단에 가까이 서서 지키는 땡초부대는
지금도 줄지어 입대하느라 바쁘다

꿈이었으면 좋겠다

꽃잎 같은 아이가 내게 왔다
생명과 희망을 준 아이
사막에 핀 꽃 한 송이 같았다

무게 짓눌려 숨이 막힐 때마다
속마음 들키지 않으려고
숨어 울던 아이
오월의 장미보다 더 따뜻했던 아이

아이는 교단에 섰다
소외된 제자들을 가슴 깊숙이 품어준 아이
슬픈 제자와 함께 울어준 아이

어여쁜 아이가,
사막의 귀하고 귀한 꽃 같은 아이가,
어느 날 바람처럼 구름처럼
천사의 날개를 달고
황급히 하늘나라로 날아올랐다

아직 소식이 없다
꿈이었으면 좋겠다
녹음 짙은 7월의 푸른 초록
가슴에 새록새록 스며드는 아이의 향기

보이지 않네

아름다움으로 찬란했던 꽃
소리도 없이 꽃 진 자리도 없이
보이지 않는다

칠월의 나무들은 힘차게 뻗어 가는데
오뉴월 피었다 져버린 장미처럼
소리도 없이 흔적도 없이
보이지 않는다

찬란했던 꽃
낙동강 물 따라 흘러갔는지
긴 세월 마지막 종착역 기적소리도
들리지 않는다

어느 역에서 혼자 내렸을까,
오뉴월에 피어난 장미처럼
찬란했던 꽃
아직도 소식이 없다

가슴에서 뜨는 별

별은 하늘에서 뜨는 게 아니더라
별은 노상 반짝이는 것도 아니더라

노상 내 가슴에서 뜨는 별
가슴에서 뜨는 별은
가슴이 하늘인 줄 아나보다

십 년, 이십 년, 삼십 년이 가도
내 가슴에 뜨는 별은 새벽도 모른다

길을 잃은 별
밤하늘을 바라볼 때마다
내 가슴속에 뜨는 별

오늘 밤에도
내 품에서 잠드는 별

칠월의 하늘

하늘이 저리 높다는 걸
너를 보낸 후 알았다
너와 나 닿을 수 없기에

하늘이 저리 푸르다는 것도
구름이 어디론가 흘러간다는 것도
네가 내 곁을 떠난 후 알았다
건너지 못할 강처럼
너무 먼 곳에 너 있기에

캐나다 유학길에서 돌아와
김포공항에서 나와 함께 걸었던
그날이 엊그제 같은데

세월은 쉬지 않고 흘러도
마음은 그 자리에 붙박아 있구나

살아 숨 쉬는 그날까지
가슴속에는

나이아가라 폭포의 울음보다도
더 큰 울음이 울고 있다

칠월의 하늘이 너무 높고 푸르다

달처럼

달이 간다 혼자서 끝없는 창공을 간다
세상은 침묵한 채 바라만 본다
꽃들도 나무도 바위도
말없이 바라만 본다

달이 가다가 빌딩 모서리에 걸린다
빌딩 모서리가 깨진다

달이 가다가 나뭇가지에 걸린다
나뭇가지가 휘어진다

달이 가다가 강에 풍덩 빠진다
목욕을 하고 간다

달이 가다가 바다에 빠진다
낚시꾼들이 달을 낚으려고
낚싯대를 던진다

달은 도시를 지나 산 넘고 물 건너
혼자 간다
나도 혼자 간다 혼자 산 넘고 물 건너
너를 만나러 간다
아직도 어느 산등성이에서 기다리는
너를 찾아간다

모성애

한겨울 조용한 교정을 걷는다
앙상한 나무들이 줄지어 서 있다

햇살 쨍쨍한 여름날에는
층층이 옷 겹쳐 입더니
눈 내리는 엄동설한에는
나뭇잎 하나 없이
다 벗어 던진 나무들

그래도 제 새끼들에게
마른 젖꼭지를 물리고 있는
나무들
엄동설한에도 열매 하나 떠나보내지 않고
쪼글쪼글한 빈 젖을 물리며
벌거벗은 몸으로
찬바람을 막는 나무들
열매들을 위하여
열매들을 위하여

그림 속

기차가 산과 들을 달린다
차창은 산과 들을 배경으로 그림을 그린다
나를 그림의 중심에 넣고 그린다
근사한 화폭은 나를 안고
나는 화폭을 안고
먼 산등성이도 타고 구름도 잡고
푸른 하늘 까치들과
나무 그네를 탄다

혹은 강물 위에 던져 목욕도 시키고
깊은 산골 터널을 지나 작은 마을까지
그린다
나는 끄덕끄덕 고개 떨구어
한 폭의 그림 속에 잠이 들고
고향 역 향기가 잠을 깨운다

풀과 힘

풀, 누가 씨 뿌리지 않아도 무성하다
누가 심지 않아도 무성하다
뽑고 베고, 야단을 쳐도 무성하다
사정없이 뽑고 예초기로 싹싹
깎아버려도
배시시 웃으며 살아나는 풀

저 작은 힘이 모여
장맛비가 산을 타고 흘러도
저희들 끼리 단단히 어깨동무를 하고
들을 지키고 강을 지키고 산을 지킨다

풀을 독하다고 하지마라
풀을 약하다고 깔보지 마라
풀이 떠나면 산이 무너진다
풀이 쓰러지면 나무가 쓰러진다
풀이 죽으면 세상도 죽는다

제3부

거울

거울을 본다
어떤 할머니가 나를 보고 있다

거울을 덮는다

나는 거울 속의 그 할머니가 아님을
굳게 믿으며
내 또래 지인들을 만나러 간다

내 또래 지인들 내가 본 거울 속의
그 할머니들이다

햇살과 호두

창틈으로 들어온 햇살이
우리 고양이 호두와 놀이를 한다
햇살은 '나 잡아 봐라' 집안을 돌아다니고
호두 빛나는 눈빛 이리저리
햇살을 쫓아 두리번, 두리번,
햇살은 이층계단을 오르내리고
바빠진 호두
이층계단을 오르락내리락
금세 달아나버리는 햇살.
햇살이 책상 위 금장식 펜 뚜껑에 부딪친다
펜 뚜껑 금빛을 쏜다
눈부신 금빛이 벽을 비춘다
호두 벽을 향해 점프를 한다
금빛이 천장을 비춘다
호두 고개를 젖히고 천장을 쳐다보며
고개를 갸웃거린다
천장의 금빛 얄밉게 '나 잡아 봐라' 어른거리고
호두 앞발을 뻗어 허공을 친다
허공을 치던 호두 돌아서서
야옹, 야옹, 내 치맛자락을 잡아끈다

덩실덩실

수국꽃이 모여 있는 길
보랏빛, 분홍빛 하얀빛
덩실덩실 뜬 달덩이들

오가는 사람들 걸음 멈추고
지상의 달을 바라본다

바람이 불자
엉덩이를 흔들 듯
덩실덩실

풍성한 희망의 달덩이들
춤추는 길
그리고 지나갔다 왔더니
마음속에서
덩실덩실 춤추는 달덩이
희망의 달덩이

풀

심지도 않았다
씨앗을 뿌린 일도 없다
누가 돌봐주는 이도 없다
누가 사랑해준 이도 없다

언니네 농장 풀들의 세상
손으로 쥐어뜯기도 하고
머리를 잡고 뽑아 제쳤다.
농장이 훤해졌다

며칠 후 다시 살아난 풀들
보란 듯이
더 싱싱하게 우거져있다

풀처럼 산다면 무서울 게 없겠다
풀처럼 강하다면 못할 게 없겠다
풀은 사랑을 해주지 않아도
저 스스로 사랑할 줄 안다
풀은 돌봐주지 않아도 저 스스로

돌볼 줄 안다
죽어라 뽑아내도 당당하게 푸르게
살아나는 풀처럼 살고 싶다

바다와 달

물결을 차며
바다 위를 달리는 달

그리운 이에게 가는 길
바다는 달을 붙잡고
달은 그리운 이를 향하여
달리고

어디선가 들려오는 피리 소리
구슬프게 우는 은파

바다는 달을 품어 안고
밤새 사랑하고 싶고
달은 그리운 이를 향해
달리고

어디선가 들려오는 피리 소리
구슬프게 우는 은파

선글라스와 노년

멋인 줄 알았다
나이 들어 시커먼 선글라스를 낀 사람들은
멋쟁인 줄 알았다
늙어 맨 얼굴로 사진 찍을 일 아니더라

선글라스가 나를 젊게 보이게 한다
나 젊어 맨 얼굴로 사진 찍었을 때는
웃는 얼굴이었다

나 늙어 맨 얼굴로 찍은 사진
처참하다
야외 나가 사진 찍을 때면
꼭, 선글라스를 끼고 찍는다
눈가 잔주름 감쪽같이 사라지고 없다
선글라스는 늙어 필수품이다
안경이 하나 더 늘었다

노란 별무리들

이른 봄 개나리 노란 꽃등을 켜 들고
줄줄이 서 있는 길을 간다

부대 사열을 하듯
나는 개나리 길을 따라 걸어가고
노란 개나리들
노란 등불을 환하게 켜 들고 내 길을 비춰준다
나는 걷다가 문득 걸음을 멈춘다
올해도 곧 돌아올 4월 16일,
해마다 돌아오는 가슴 미어지는 날이
가슴을 난도질한 탓에

엄마, 엄마, 마지막 외침을 남겨두고
먼 나라로 영원히 떠나버린 꽃들
수백의 꽃송이들
어린 영혼을 삼켜버린 그 바다
내 가슴에도 노란 개나리 같은 별 하나가 살고 있기에
나는 그 아이들인 양 개나리를 바라본다
노란 빛깔은 희망을 상징한다는 걸 생각하며

송이마다 자세히 들여다본다
눈이 시리다
눈이 아프다

목화밭

하늘을 본다
목화밭 하얀 구름 밭

하늘엔 학처럼 흰 구름 떠간다
나도 따라 흘러간다
목화 벌써 져버리고
학의 날개 보이지 않는다

하늘을 본다
시냇물 조약돌 붉게 물든다
장미 덩굴처럼 붉게 퍼진다

광야에 펼쳐진 하늘 꽃밭
산 중턱에 피어 올린
붉은 장미
햇살에 눈이 부시다

이웃

중 늙은 호박 푸르딩딩하다
지인 중간쯤 늙은 호박을 들고 대문 벨을 눌렀다
부침개를 해먹으라고 준다
싱싱한 풋고추도 한 바가지를 준다
직장 다니는 아들이 틈틈이 가꾼 농장에
배나무도 심었다며 처음 딴 배 두 개도 주었다
무더운 여름 내내 키워낸 손길을 생각하며 받았다
대문을 꼭꼭 걸어 잠그고 사는 세상에
이웃을 챙기는 이웃이 눈물겹도록 고맙다

나는 또 나 혼자 먹을 수 없어 지인 몇몇을 불러들여
부침개를 할 준비를 한다
중년 여인 엉덩이 같은 중 늙은 호박을
살살 만지며 호박을 채 썰어 노릿노릿하게 구웠다
부침개 맛 입안에서 사살 녹는다
중늙은이 지인들 호박 맛에 빠져 집에 갈 줄 모른다

감자

땅속 한 뿌리에
알알이 달린 감자들

세상으로 나오자
알알이 흩어진다

엄마 품을 떠나
뿔뿔이 세상으로 흩어지듯

감자들 땅속 엄마 품을 떠나
알알이 흩어진다

무화과

이웃집 마당 무화과나무에
열매 조랑조랑 매달려 있다

관절 마디마디 구부러진 나무의
깊은 모성애
어린 자식을 보호하듯
무성한 잎으로 감춘 열매

열매가 익어갈 때마다
담 너머로 넘어다본다

겉으로 꽃피지 않고
속으로 꽃피운 열매에게
속 깊은 말을 듣는다

열매 가득히 꽃으로 채운
사연 듣는다

나이아가라 폭포

캐나다 나이아가라 폭포를 바라본다
늘 인간을 감동시키는 그분의 솜씨를
바라본다
거대한 웅장함이 그분의 호령 같기도 하고
말씀 같기도 하다

하얀 파편의 난무 낙하의 요란한 소리
폭풍과 천둥이 쉴 새 없이 친다
물안개 속에서 선녀들이
드레스 자락을 길게 늘어트리고
끝도 없이 내려온다

옆 사람의 목소리는 폭포에 묻혀버리고
모두 붕어처럼 입만 벙긋벙긋
소나기가 쏟아지듯 퍼지는 파편의 세례
비를 맞은 듯 젖어버린다

풀스뷰 호텔 레스토랑 33층에 앉아
차를 마시며 폭포를 바라본다

모든 것이 폭포 속으로 빨려 들어간다
슬라이드가 있는 실내수영장
긴 평야를 감아 말 듯 한
옥색과 회색 붉은색이 햇살에 반사되어
눈을 시리게 한다
세계에서 가장 길다는 아프리카
나일강과 사하라 사막을 넘어
아마존 강을 마음으로 그려본다

파도 누가 보낸 기도일까

바다 가득 파도가 친다
파도의 파편이 날아와 옷을 적신다

거세게 파도가 친다
더 큰 파편이 날아와 마음을 적신다

누가 보내준 기도일까,
나를 향하여 밀려오는 파도

파도 자꾸 되풀이하여 밀려와
몸과 마음을 적신다

거듭나보라고, 새로 태어나보라고
자꾸 흔들어 깨운다

비 오는 날이면 생각나는 친구

비가 온다
하늘에서 땅까지
하늘이 내리는 길고 긴 국숫발이
끝도 없이 내린다

수국꽃 고명을 얹어
가난한 동네마다 나누어 먹인다

부자는 가만히 있고
가난한 사람들만 먹으라고
우르릉 꽝꽝,
천둥 번개 쳐가면서
하늘 국수가 내린다

어릴 적 가난했던 친구 생각
국수, 수제비만 먹고 산다는
그 친구 생각

칼국수

홍두깨에 착착 감겨 넘어간다
밀가루 반죽 덩이가 맷방석만큼 넓어진다
신혼 초부터 셋방에서 시동생들과 함께 살면서
한꺼번에 밀가루 삼 킬로그램을 밀어야 했다

42킬로그램 내 몸무게보다 무거운 홍두깨를
있는 힘 모자라 없는 힘까지 다
긁어모아 밀었다
작은 상체를 앞으로 한껏 기울여
두 팔에 힘을 쏟아 부어 사방으로 밀고
또 밀면 점점 넓어져 가는 맷방석

맷방석 대여섯 장을 만들어
돌돌 말아 채 썰어 커다란 찜통 가득
잔치하듯 끓이고 나면
허리가 휘고 팔은 빠져나간 듯 아렸다

이제는 추억이 된 칼국수 끓이기
먹은 사람들은 먹은 기억조차 못 하는데
나는 새록새록 떠오르는 한 편의 영화

비 오는 날이면 시들었던 풀잎이 살아나듯
파랗게 떠오르는 홍두깨 칼국수 밀기
이제는 내 꿈의 홍두깨를 밀 차례
그런데 허리부터 팔다리 뼈마디가
자꾸 보상을 해 달라고 보챈다

화가 난 바람

바람이 분다
조용히 술래잡기하던 바람이
화가 나
장독도 깨고 지붕도 벗기고
가로수를 뽑기도 한다

바람이 분다
뉴스를 듣고 화가 난 바람이
사람들 머리칼을 휘젓고 다닌다

힘센 자들이 저지른 커다란 죄는
하얀 눈이 세상을 덮듯
깨끗이 덮어버리고
힘센 자들이 저지른 눈덩이 같은 죄는
봄눈 녹듯 녹여버리는 세상

힘없는 사람들의 털끝만한 죄는
산만큼 크게 쌓아 올리고
흰 눈 위에 까만 연탄을 올려놓듯
뉴스마다 올리는 세상

세상이 너무 어이가 없어서
화가 난 바람이
나뭇가지를 부여잡고
미친 듯이 흔들어 댄다

봄비

붐 비가 보슬보슬 내린다
나뭇가지마다
은구슬 조롱조롱 맺힌다

강가에 휘어진
솜털 보송한 버들강아지도
조롱조롱 은구슬 맺힌다

꽃들도 은구슬 맺힌다
내 마음에도 은구슬 맺힌다
지난해 내내 울었던 마음에
맑고 고운 은구슬 맺힌다

마음에 은구슬 맺히니
더 슬프다
너무 고와서 더 슬퍼진다
그리움이 쳐들어온다

동백꽃 지는 소리

동백섬 동백꽃은
파도 소리 들으며
핀다

싸늘한 꽃샘추위에
입술 깨물며

동백섬 동백꽃은
파도 소리 들으며
핀다

동백꽃을 보는 날엔
가슴에 불이 탄다
그리움의 불이 탄다

동백꽃을 보는 날엔
가슴에 멍이 든다
보고 싶어서
애타게 그리워서

벚꽃이 피려고

매서운 꽃샘바람이 날을 세운다
먼 곳에서 들려오는 봄소식
봄에게 건너오라고
은하수 오작교처럼
바람이 징검다리를 놓아준다
춥다
바람이 매섭게 분다
징검다리를 건너 누가 온다
머리에 화관을 쓰고
온다
바람이 속살을 헤집고 파고드는 밤
밤새 꽁꽁 앓고 일어났더니
화들짝 핀 벚꽃

비가 오면

비가 오는 날
우산을 쓰고
꽃길을 걷는다

나는 비가 되어
꽃잎을 씻어준다
꽃잎 고이고이 씻어준다

나는 꽃이 되어
빗물을 받아먹는다
붉은 장미꽃이 되었다가
노란 장미꽃이 되었다가
제비꽃이 되어본다

우산 뱅글뱅글 돌려본다
큰 물방울 새가 되어
하늘로 날아간다

제4부

비 오는 날이면

물안개 같은 비가 내린다
엄마 모습이
비를 타고 나에게 다가온다

숯불 활활 피워 다림질하던 엄마
이른 아침이면
마당 옥매화 해당화 꽃나무 위에
아버지 옷, 오빠 옷을 펼쳐놓고 이슬을 맞혔다

엄마는 이슬 맞힌 아버지 옷, 오빠 옷을
내 손에 잡히고
빨갛게 달아오른 숯불 담은 다리미로
쓱쓱 옷을 오르락내리락 문지르며
다리미질을 했다
엄마는 공들여 다리미질을 하고
옷들은 새 옷처럼 윤기가 났다
엄마는 그때 시를 쓴 거였다

꽃, 나비

꽃 나비가 되고 싶다
꽃이 피고 새들 노래하는 곳
수십 리 먼 거리도
날아가는 꽃 나비

색색이 화려한 꽃
꽃 나비를 부른다

꽃은 사랑하고 싶어
향기를 퍼낸다
꽃 나비 날갯짓 첫사랑 찾아
날아간다

이름 모를 꽃
수십 리 길 날아서
허공의 긴 비행을 한다
꽃잎에 사뿐히 내려
급하게 입을 맞춘다

장마

장대 같은 비가 온다
서럽게 온다
비를 따라 나뭇잎이 운다
어깨 들썩이며 운다

장대 같은 비가 서럽게 온다
꽃들이 운다
굵은 장대 같은 비에
고개 젖히며 운다

장대비가 쏟아지는 날
참았던 서러움이 터지는 날
거실 창문 앞에 서서
나도 운다

현충일에 내리는 비

6월 6일 현충일 비가 온다
현충일 선열들의 눈물처럼
비가 내린다

하동 북천마을 역사 철길 옆에 핀
양귀비꽃도 비에 젖었다

공휴일이라고
나들이 나온 사람들이
사진을 찍느라 야단이다

보리수 열매도 비에 젖어있다
사람들이 보리수 가지를 휘어잡고
사진을 찍는다
하하, 웃어 재치며 포즈를 취한다

레일바이크도 비를 맞으며 달린다
창문 없는 풍경 열차도 비바람을 맞으며 달린다
야호, 소리치는 나들이객들
하늘에서는 그날이 서러워
6월이 서러워 비가 내린다

아침

찬 공기가 감도는 새벽
하늘이 검은 커튼을 조금씩 걷어 올린다

나뭇잎들 아직 잠자는 새벽
까마귀와 까치들이 먼저 어둠을 헤친다

희미하게 먼동이 밝아온다
운동장에 모인 사람들 다람쥐 쳇바퀴 돌 듯
돌고 돈다

생각을 시작한다
오늘 하루 어떻게 살아야 할지
생각에 빠져 운동장을 돈다

아침 해가 동쪽 산 너머에서
한 뼘쯤 얼굴을 내민다

바람과 사계

봄바람이 지나간 자리마다
싱그러운 연둣빛 돋아난다

여름 바람이 지나간 자리마다
나뭇잎 짙어간다

가을바람이 지나간 자리마다
열매 익어가는 향기가 난다

겨울바람이 지나간 자리마다
헐벗은 나무들 생각에 잠긴다

바람은 사계절 제 할 일을 하고
산과 들은 바람 따라 제 할 일을 한다

산 뻐꾸기

산 뻐꾸기 뻐꾹 뻐국
안개 속에서 뻐꾹 뻐국

제 새끼 먹이도 주지 않는 뻐꾸기
저 살 궁리만 하면서 뻐꾹 뻐국

뉴스에 세 살짜리 어린 것
혼자 방에 두고
어미는 딴 놈하고 사나흘
여행하고 왔더니
어린 게 굶어 죽었다고 한다

앞산 뻐꾸기 아침부터 뻐꾹뻐꾹
저 살겠다고 운다

보리밭 복숭아나무

여름방학 친구를 따라
대구 옥포 친구 할머니 댁에 갔다
누렇게 익은 보리밭 사이에
나지막한 복숭아 나무가 군데군데 있었다

잘 익은 복숭아가 주렁주렁

친구 언니는 주먹만 한 복숭아를
치마 가득 따 담았다
친구와 나는 양손 가득 땄다

보리 수염이 몸을 꾹꾹 찌르고
복숭아털은 간질간질
피가 나도록 긁었다
처음 따본 복숭아
고약한 첫경험
지금도 나쁜 인연처럼
복숭아만 보면 일어나는 가려움증

쓸데없는 것

대여섯 살 먹은 아이들 키만한
대형 벽시계가 날마다 시계추를 좌우로
왔다 갔다 흔들며 돈다
좌우로 왔다 갔다 할 때마다
대단한 벼슬인 양
똑딱, 똑딱, 소리를 낸다
돌다가 정각이 되면 그 시간 숫자만큼
덩, 덩, 종을 치기도 한다
시끄러워서
시계추를 뽑아버렸다
쓸데없는 것, 달고 있으면 무엇 하나
궁중의 내시가 되어버린 시계
조용하다,
말없이 돌고 도는 벽시계
힘이 없다
큰 덩치, 허수아비 같다

버려진 못

쫓겨난 인생처럼 기역 자로 꺾였다
못의 심장인 못대가리는 찌그러지고
붉은 피 뒤집어쓰듯 녹 쓸어 꼬부라진
허리를 하고
밟히고 떠밀리고 볼품없이
길가에 누워있다

얼마든지 명장의 손길로 대접받고
살 수도 있었는데,
어느 건물에 박혀 제대로 한번
제 몫을 할 수 있었는데,

어느 공사장의 망치에 튕겨 나와
길바닥에 버려졌을 것,
어느 조직에서 힘센 자에게 내쳐졌을 것,

망치 한 방에 박살 난 못처럼
나쁜 뉴스, 오늘도 누군가 박살나고 있다

밤하늘

칠월의 밤하늘,
끝없는 창공에서

엄마별이 아기별을 찾아
구름 동동,
배 띄워 노를 젓는다

어디선가 들려오는
노랫소리
아기별의 노랫소리

엄마별, 구름배를 타고
아기별을 찾는다

끝없는 창공에
바람이 분다

엄마별 구름 배를 타고
끝없는 창공을 헤맨다

자갈치 시장에서

영하의 추위 자갈치 시장에 갔다
분주해야 할 시장은 맹추위 탓에 가게 문을 닫은 곳이 많다
다시 강풍이 불어온다
박스에 담긴 마른 멸치들 수천 개 눈이 나를 본다
목마르게 나를 기다렸다는 듯이
몸이 바싹 마를 때까지 눈을 감지 못한 채
기다렸다는 듯이

기어이 멸치 한 박스를 사고, 옆을 보았다
등 푸른 고등어가 얼음장이 되어 나를 바라본다
큰 눈에 눈물 가득한 채로 나를 기다렸다는 듯이
고등어 여섯 마리를 사서 신문지에 돌돌 말아 왔다
죽어도 큰 눈을 감지 못하고 나를 기다렸나 보다
고향이 그리워 죽어도 눈을 감지 못했나 보다
설 풍에 떠는 동태들의 눈

시간

한 장 남은 달력을 바라본다
세월은 나이를 따라 달리는 고속 기차

누가 운전을 하는지
무정한 기관사

가을이 지나가고 마지막 남은
잎 새 하나처럼
마지막 남은 겨울이

찬바람을 밀어내느라
안간힘을 쓴다

하늘 저편의 해도
세월에 쫓겨 서산으로 달아난다

암곡다리 아래로

암곡다리 아래
강물 쉼 없이 흘러간다
나뭇잎도 따라서 흘러간다

즐겁게 뛰노는 물고기 떼
피라미 버들치
높이 뛰기를 한다

허공으로 뛰어오른 묘기
반짝이는 은빛

물은 거침없이 흐르고
피라미 버들치 묘기 그칠 줄 모른다

암곡다리 아래로 강물이 흘러가듯
아픔도 그렇게 흘러갔으면
강물을 따라 나뭇잎 떠가듯
그렇게 흘러갔으면 좋겠다

가을밤 그림자

운동장을 돈다, 돌고 또 돈다
갑자기 검은 그림자가 따라온다

옆을 본다
나를 닮은 난쟁이 그림자가 따라온다

운동장 가 단풍잎이 붉은 카펫을 깐다
바람이 분다
희미한 그림자 뒤따라 온다

운동장 가 은행잎 노랗게 카펫을 깐다

영혼 같은 그림자
키다리가 되어 노란 카펫 붉은 카펫을 걸어간다
다시 내 앞에서 걸어간다

달빛과 전등불이 가을밤 그림자놀이에 빠졌다
슬렁슬렁 바람 부는 소리
오그라든 그림자 터널 속으로 들어간다

호랑나비의 서사

점박이 호랑나비 아빠 새벽이슬로 목을 축이고
꽃동네 문 열리기를 기다린다
햇살이 곱게 하늘을 열고 나온다
꽃들이 분주히 잠을 깬다
꽃들이 몸을 흔들어 꽃잎을 다듬는다
여기저기 꿀 항아리 여는 소리
꿀 향기가 퍼진다
벌과 나비는 꽃들을 찾아 거침없이 드나든다
꿀 대에 꿀을 가득 담아 집을 향해 가던
호랑나비 아빠 발걸음을 돌린다
길가에 주저앉아 한탄한다
왜 난 아빠 호랑나비가 되어
날마다 가족들을 먹여 살린 꿀 대를 날라야 하나,

호랑나비 집을 나와 마음껏 한동안 혼자 살아간다
꿀 대를 지지 않아도 된다
꽃은 계절 따라 사라지고
호랑나비 꿀 대를 더듬어 본다 꿀이 없다
배가 고프다

옛날을 그리워하며 꿀을 얻을 빈 깡통을 찬다
빈 깡통에 누군가 꿀 한 방울 흘려 넣는다
무거운 꿀 대가 싫어 날개를 찢어버린
호랑나비 아빠 무거운 꿀 대 짊어진
옛날이 그리워 눈물 흘린다

퀸엘리자베스 공원

캐나다 벤쿠버 퀸엘리자베스 공원에 갔다
꽃과 나무와 풀들이 향기와 미소로 환영해주었다

끝이 보이지 않는 나무들 바람에 흔들리는
고운 꽃들이 나를 향해 인사를 했다
바람결에 나뭇잎 차르를 쏟아지는 소리로
향기로

세상에서 하나뿐인 고운 새
물감으로도 칠할 수가 없을 것
한국 단풍 색과는 사뭇 다른 빛깔
신비로운 자연, 색색 가지 고운 꽃 무리
온실 나무 꽃,
꽃향기에 취해 꿈속 같았다
숲을 날아다니는 앵무새
높이 치솟은 분수대

외국인들이 모인 공원
꿈을 꾸고 있는 듯하다

수년이 지났지만 퀸엘리자베스 공원은 마음속에서
떠나지 않는 곳
꿈속에서 다시 본 퀸엘리자베스 공원
그만 길을 잃고 말았다

제5부

계절

봄인가 했더니 여름이다
봄옷 옷장에 넣고
가벼운 여름옷 입고 집을 나선다
휙 불어온 돌풍
가슴이 서늘해진다

맞바람 치는 날씨
다시 겨울이 온 것일까
솜이불 덮고
긴 옷 꺼내 입는다

초록 길은 길게 바람결에 누워
일어날 줄 모른다
출렁대는 물결 파도타기를 한다
보리도 익기 전에
반 팔 드러내는 들뜬 마음

종이 한 장

누가 상을 받았다
종이 한 장에 기쁨이 넘친다
종이 한 장에 행복하여 밤잠을 설친다
보고 또 보는 종이 한 장
태어나 이름 석 자도 종이 한 장에 새겨진다

종이로 태어나도
구겨져 버려지는 것
종이로 태어나도
금물 곱게 입고 두꺼운 겉옷 입고
소중히 여겨지는 상장

바라보는 눈빛 영혼을 담은 듯하다
세상 속에 속한 것
삶은 제각각 다르다는 것
종이 한 장으로 웃는다

옥수수와 여름밤

옥수수 아가씨 긴 머리 파마를 하고
보얀 속적삼 겹겹이 입고 푸른 장옷을 걸쳤다

옥수수 아가씨 시집가던 날
가마솥 한증막 포동포동 물기 자르르

여름밤이 익어갈 때
하모니카 소리에
매미들 합창을 한다

아랫마을 윗마을
하모니카 소리
밤이 깊어갈 때 옥수수 아가씨 한 겹 두 겹
속적삼 벗어 던진다
노랗게 익은 알몸을 보며
높이 뜬 달 가던 길 발을 멈춘다

가을 색깔

가을 색깔은
무엇으로 칠해야 할까

노랗게 칠했다가
파랑으로 칠했다가
붉게 칠했다

모과나무
맞다고 손뼉 친다
하늘이
맞다고 손벽친다
사과나무
맞다고 손뼉친다

단풍잎 뚝 떨어지며
바보,
라고 놀리며 날아간다

시골 달밤

달이 내려다본다
멀지도 가깝지도 않게

창호지 바른 문 살짝 열고
달을 본다
구름이 달을 감싼다
바람이 질투하여 방문을 흔든다

구름속으로 들어간 달
나올 줄 모른다
석류나무도 달이 그리워 가지를 흔든다
문풍지 깃발처럼 파르르 떤다

가슴이 서늘해진다
사르비아꽃 입술 푸르게 떤다
나뭇잎 몸부림치는 소리
달이 구름을 벗어나 산을 넘어간다

버려진 양말

이른 봄 꽃샘바람이 차갑다
새벽, 운동장을 돈다
서편 하늘에 손톱 달 희미하게 떠 있다
하늘엔 까마귀들
어디론가 울며울며 새벽길을 날아간다

싸늘한 서릿발에 묻혀
버려진 낡은 양말이 보인다
버려진 양말도 쓸쓸하게
손톱달을 보며 까마귀 울음소릴 듣는다

누군가 닳도록 신다 버렸나 보다
누군가 제 분신을 버렸다
양말은 주인의 발을 감싼 채
수없이 운동장을 돌았을 것이다
수없이 동네 길을 돌고 지하철을 타고
버스를 탔을 것이다

고단하게 살아온 누군가의 양말이
나에게 말을 건다
쓰다 버릴 땐,
부디 예의 있게 버려달라고
닳도록 쓰다 버릴 땐
미안하게 버려달라고
오래된 친구와 헤어지는 심정으로
예쁘게 접어 고이 버려달라고

꽃 배를 타고

비가 온 뒤 길거리에
크고 작은 물웅덩이
호수들이 생기고

벚꽃이 하늘하늘
호수로 날아든다

호수를 떠도는 연분홍빛
꽃 배들

나는 꽃 배를 타고
어디론가 떠난다

누군가 손짓하는
평화의 나라로
누군가 기다리는
고요한 나라로

바람 사르르 사르르
꽃 배를 노 저어 준다

무릎

앉았다 일어났다 걷다가 뛰다가
하루에도 수십 수백 번
수십 년 나를 위해 헌신한 무릎아,
늘 나를 위해 걸어준 무릎아,
미안하다
밤낮 험한 길
바다 건너 외국까지
이 구석 저 구석
단 하루라도 쉬어본 날 없었던 무릎아,
미안하다

너의 고통을 단 한 번도 몰라주었다
이제야 너도 고통을 호소하느라
뚝, 뚝, 소리를 내는구나
너 낡은 줄 모르고
얼굴만 주름살 는다고 야단이었지
너 닳고 닳아 삐거덕거린 줄
미처 모르고
얼굴이 처진다고 한탄했지

무지개다리

비 온 뒤, 신이 내린
무지갯빛 아치 다리

숨죽이고 바라본다
오를 수도 걸을 수도 없다

천상의 다리
천사들이나 건너겠지

그대도 건너겠지
그리운 그대도
천사가 되었으니
저 다리 건너겠지

저 다리 건너서
나에게 오는 소리
은은한 바람소리
나에게 들리네

코발트 빛 하늘은
푸른 물 뚝뚝 떨어질 듯
푸르고
나의 천사는 긴 머리 찰랑대며
무지개다리를 건너오네

시월의 이별

시월에 떠나간 엄마
붉은 단풍처럼
가을에는 눈시울이 붉어진다

가을바람 타고 나뭇잎처럼
홀연히 떠나간 엄마
신새벽 쌀쌀한 가을바람에
누구 하나 옆에 있어 주지 못했던
쓸쓸한 최후

팔 남매를 낳아 아들 셋을 먼저 보낸
한 맺힌 세월을 살다간 세월

병원 문 수없이 두드렸던 시간
중풍이란 선고
걷지도 앉지도 못한 몸
엄마 침상 앞에 늘 목이 메였다

하얀 시트 속에 천사처럼 누워 있는 엄마
아직 온기가 남아 있었다
자는 것 같은 엄마
감긴 눈가에 아픔의 흔적이
눈물처럼 젖어 있던 엄마

가슴이 따뜻했던 엄마
가을이 오면 엄마 생각
단풍이 불붙듯 불 지른 엄마 생각

하룻밤

어버이날 늦은 저녁 딸과 사위가
손자 손녀를 앞세우고 왔다
모닥불을 피우듯
밤새도록 이야기꽃을 피웠다
시계가 새벽 3시를 가리키는데도
아이들 까만 눈동자는 초롱초롱
양쪽에서 하나씩 할미 손을 꼭 잡고
행여 놓칠세라 꼭 잡고 앉아
제비처럼 입을 쪽 벌려 하품을 하면서도
콩쥐 팥쥐 이야기를 자꾸 해달란다
두 번 세 번 되풀이되는 콩쥐 팥쥐 이야기로
날을 밝히고
다시 먼 길을 가야 하는 딸네 가족들
우박 같은 눈물을 쏟는 손녀
뒤돌아보며 끌려가듯 멀어져가는 아이들
차가 슬슬 굴러가기 시작하고
가슴 찡하게 아려오는 통증을 안고
나도 차를 따라 달린다

노랑머리 새

노랑머리 새 한 마리
자기 몸보다 더 큰 먹이를 나른다
단정한 교복을 입은 듯이
교모처럼 노란 모자를 눌러쓰고
먹이를 나른다

매미 한 마리 나뭇가지를 타고
뱅뱅 돈다
먹이를 가득히 입에 문 노랑머리 새
따라서 돈다
노랑머리 새 입을 쩍 벌려 매미를 문다
입가에 매미 날개가 펼쳐진다
노랑머리 새 흡족하게 둥지를 찾아
저녁노을 빛에 발을 붉게 물들이며 날아간다

엄마 벌

토종벌들 날갯짓이 바쁘다
거칠고 험한 산 능선을
수천수만 번 오르락내리락 하는
토종벌들의 엄마 벌

아침부터 저녁까지 숨이 턱턱 막히도록
꿀을 찾아 험한 산 능선을 탄다

입 쫑긋거리며 엄마를 바라보는 아기 벌 생각
꽃마다 꿀을 모아 한 입 마음 놓고 먹지 못한
엄마 벌, 발에 붙은 꿀만 털어먹는 엄마 벌

다 큰 아기벌들 떠난 벌집마다
구멍 숭숭
골다공증 4기의 내 뼈마디를 닮았다
벌집에 바람이 든다

단풍잎

산이 붉게 타오른다
단풍잎 불꽃이 되어
온 산을 불태운다

단풍잎 하늘하늘 떨어진다
여기저기 바람 따라 날아다닌다
빨간 편지를 들고
산을 넘고 들을 지나
새처럼 날아다닌다

개울에 풍덩 빠져 한참
수영을 즐기기도 하고
날아가는 새들을 불러
뭐라고 이야기도 한다

단풍잎 가볍게 떠난다
일생의 최후를 마음껏 활활
불태우고 훨훨 떠난다

가방

꽃바람 불 때는 핑크빛 가방이 들고 싶다
녹색 우거진 여름이 되면
초록빛 가방을 들고 싶다
가을 단풍이 곱게 물들 때면
알록달록 고운 색 가방을 들고 싶다
눈보라 치는 겨울에는
따뜻한 검은 색 가방을 들고 싶다

사시사철 철 따라 들고 싶은 가방
백화점 명품가방 만져보고 나왔다

작년엔 까만 가방을
올해는 초록 가방을 샀다
거울 앞에 서서 왼쪽 오른쪽 팔 바꿔 걸어본다
거울 속에서 여인이 행복하게 웃고 있다

여인은 구두까지 신고 걸어본다
아까보다 더 예쁜 여인이 웃는다
나를 따라 웃는 여인

멈춰 서서 모자를 쓰고 걸어본다
더 예쁜 여인이 따라온다

수십 년을 따라다니던 가방이
주머니 다 털리고 누워 있다
쭈그러진 몸으로

여름

아스팔트가 녹아내리고
기차선로가 늘어나고
지구가 미쳤다고 아우성쳐도
지난 여름에도 살아남았다

과일들은 뜨거운 햇살을 먹고
단맛이 든다
풀들은 뿌리에 힘을 올리고

사람들은 죽겠다고 아우성친다
잠깐 한 달을 못 참아
도시 가득 에어컨 돌아가는 소리

살인 더위라고 아우성쳐도
지난여름에도 모두 살아남았다
여름은 더운 까닭에 여름이다

권영숙 시집 『흘러가는 구름처럼 살고 싶다』 해설

그 길을 가야만 하는 필연의 노래

박 정 선 (문학평론가)

1

왜 사느냐고, 누가 묻는다면 무슨 말을 해야 할까,
나 지금, 무엇을 해야 할까,
(중략)
마음 모아 글을 쓴다, 구름과 바람을 벗 삼아
비 오는 날의 빗소리를 벗 삼아
아무도 없는 나 혼자만의 시간 속으로
누군가의 인도를 따라 또박또박 따라가 본다
먹고 마시고 노는 일 언젠가는 그치고 말지만
누군가 이 세상 단 한 사람이라도 내 이름을 불러준다면
그렇다면 태어난 이유가 되리라
김춘수 시인의 '꽃'을 생각하며
누군가 내 이름을 불러줄 이유를 찾아 떠나본다

-「이유를 찾아서」 부분

생물학적으로 태어난 인간은 과연 생물학적으로 살다가 생물학적으로 죽어 없어지면 그만일까, 시인은 그게 아니라고 고개를 흔든다. 사실 그냥 살아도 된다. 그런데 "먹고 마시고 노는 일 언젠가는 그치고 말지만/⋯", 그래서, 그냥 살 수가 없다고 시인은 사유한 것이다.

인간에게는 눈물과 웃음이 있다. 아무리 차가운 냉혈인이라 할지라도 인간은 기쁘면 웃고 슬프면 눈물을 흘릴 줄 안다. 그것이 곧 감정이다. 인간은 현존하는 사물과 사람들과의 관계 속에서 살아가야 하는 존재이고 거기에는 감정이 존재한 것이다. 이것을 아리스토텔레스는 『정치학』에서 인간은 정치적인 동물, 사회적 동물이라고 명명했고, 그 이후, 철인들과 예술가들은 인간은 감정의 동물이라는 것에 방점을 찍었다. 따라서 인간은 태어나 자기 의사표시를 할 수 있는 나이가 되면서부터 싫고 좋고의 감정을 표현한다. 그것을 우리는 인간이라고 하며 거기에 존엄한 가치를 부여한다. 그 존엄한 가치는 신이 부여한 것으로 그 누구도 함부로 침범할 수 없고 침범해서는 안 된다. 정신이기 때문이다.

그리고 정신은 "왜 사느냐"는 질문을 하게 된다. 정신은 그냥 살도록 내버려 두지 않기 때문이다. 오늘 내가 왜 사는지, 무엇을 해야 하는지를 시인은 자문하고 있다. "참된 시는 깨달음의 수단"이라고 한 횔록의 말대로 시인은 생각하는 사유자인 까닭이다. "구름과 바람을 벗 삼아 /

비 오는 날이면 빗소리를 벗 삼아 / 아무도 없는 나 혼자만의 시간 속으로 / 누군가의 인도를 따라 또박또박 따라가 본다"는 고백은 사유의 생활을 의미한다. 구름, 바람, 비는 결코 낭만이 아니다. 그것들은 결코 따뜻하지도 편안하지도 않은 삶의 불편함을 상징한다. 화자를 인도하는 누군가는 신이 내린 영감(inspiration)을 가리킨다.

시인은 김춘수 시인의 『꽃』을 생각한다. 꽃이 아무리 아름다워도 누가 그 이름을 불러주기 전에는 한낱 풀에 지나지 않았음을, 인간은 지상에 머물러 있을 때나 지상을 떠난 후에도 그 이름을 누가 불러주는 것, 기억해주는 것에 인간의 가치가 존재한다는 것을, 알고 있는 까닭이다.

2

인간이 추구하는 행복은 정신에 기인한다. 그리고 '인간에게 행복이란 무엇일까'하는 물음은 고대 그리스 시대부터 이어져 온 영원한 테마이다. 그리스 현자들에 따르면 이것은 삶이란 무엇인가라는 의문과 함께 세상을 떠날 때까지 아무도 '알 수 없다'는 결론에 도달한다. 그런데 아이러니하게도 우리는 '나'를 제외한 '타자'의 행복은 발견하게 된다. 그것은 신기루와 비슷한 현상에 지나지 않는다. 더러는 행복한 척하기 때문이다.

그래서 인간은 죽는 날까지 행복을 추구하게 되고, 아리스토텔레스는 이것을 최고의 목적, 최고의 선이라고 불렀다. 인간은 행복해지기 위해 살아야 하고 그것이 윤리적 삶의 목적이라는 것이다. 이와 같은 행복론은 아리스토텔레스 이래 철학의 전통이 되었고 아무도 부정하지 않으며, 이것은 다시 인간의 형이상학과 형이하학의 문제에서 접점을 이룬다. 즉 입으로 먹는 것은 육신을 지배하고 예술은 정신을 지배하는 문제가 그것이다. 그리고 이 문제는 인간이 산다는 것은 무엇인가, 라는 명제 "너는 먹기 위해 사느냐? 살기 위해 먹느냐?"는 질문을 자타自他에게 했을 때 이 둘의 답은 한곳에서 만나게 된다. '무엇'인가를 위해 사는 것, 무엇이라는 목적에 닿게 된 것이다. 단순히 육신이 이 땅에 존재하는 것에만 목적이 있다면 예술 따위는 시간 낭비이다. 예술 따위가 필요 없다면 정신도 필요 없다. 정신이 없다면 눈물도 웃음도 있을 수 없다.

권영숙 시인의 시집 『흘러가는 구름처럼 살고 싶다』는 이런 만만치 않은 생각을 떠올리게 한다. 시인의 정신 탓이다, 권 시인뿐만 아니라 세상의 모든 시인들은 육적인 존재보다 정신적인 존재를 더 우위에 두기 때문이다. 그들은 먹고 입고 마시는 것에 만족할 수가 없다. 따라서 권 시인은 모두에서 인용한 작품 「이유를 찾아서」에서 보여주듯이 "왜 사느냐고 묻는다면 무슨 말을 해야 할까"라는 의문을 제기한다. 그러면서 먹고 마시고 노는 일 언젠가는 그치고 말지만, 이 세상 단 한 사람이라도 내 이름을 불러준다면 태어난 이유가 되리라고 진술한다. 그 길은 곧 "마음 모아 글을 쓰는"일이다. 그는 시라는 세계에서 마음껏 노래하기를 갈망한 것이며, 무엇보다도 그는 시를 통해 지난날의 아픔을 치유하고 있다. 곧 마음의 치유, 카타르시스이다. 따라서 이번 작품은 내면을 비추는 깊은 성찰에 도달해 있다. 그것은 마치 천 리를 간다는 「천리향」처럼 은은하게 고요하게, 그리고 고요한 하늘을 말없이 노 저어 가는 「반달」처럼 관조적인 여유와 깊이를 보여준다.

    꽃샘바람을 타고
    세상으로 퍼지는 향기

    얼마나 그리웠으면
    얼마나 기다렸으면

    천 리를 향해
    이리도 숨 가쁘게 퍼지는가

    향기를 주머니 가득 담아
    그대에게 택배로 부친다는
                         -「천리향」 전문

    작은 쪽배 하나
    밤하늘을 간다

누굴 태우러 가는지
서쪽으로 서쪽으로 간다

저 쪽배를 타면
그곳으로 갈 수 있을까,

그리운 이가 있는 곳
그곳으로 갈 수 있을까,

쪽배를 향해 손짓해본다
밤새워 손짓해도

은하수 눈물처럼 흐르고
쪽배 모른 척 그냥 간다

- 「반달」 전문

3

 인간이 행복을 추구한 것은 아픔과 고통 등 괴로움 때문이다. 행복한 척하는 사람일지라도 어느 구석엔가 아픈 한 조각, 혹은 괴로움 한 오리쯤은 숨어 있기 때문이다. 일본 시인 시바타 도요를 기억해 보자. 시바타 도요(1911-2011)는 90세에 시를 쓰기 시작하여 100세에 첫 시집 『약해 지지마』를 출간하고, 103세에 타계했다. 시바타의 시집은 세계적인 베스트셀러가 되었다. 작품에는 평범한 100세 노인의 일상과 지난날 만고풍상萬古風霜의 아픔이 담겨 있을 뿐이다. 그런데 세계인들이 공감한 것은 인간은 누구나 마음 깊숙이 숨겨놓은 아픔 때문이다.

우리가 이미 읽었거니와 권 시인은 첫 시집『어미새』를 시작으로 지금까지 여러 작품집에서 남다른 아픔을 고백한 바 있다. 그것은 만날 수 없는 대상에 대한 그리움이다. 그러나 이번 작품집은 이전보다 깊이가 다른 상당히 성숙된 시 세계를 보여준다.

>뱃길 얼어붙어 가지 못한다
>
>꽁꽁 얼어붙어 노 젓지 못한다
>
>건널 수 없는 강
>
>그리운 사람아,
>
>멀리 있는 사람아,
>
>하늘에서 땅까지 닿은
>긴 팔 뻗어
>
>내 손 잡아 당겨주었으면
>
>　　　　　　　　　　　-「먼 곳」 전문

이전보다 성숙 된 시 세계를 보여준 것은 아무래도 시업의 경륜일진데, '먼 곳'이라는 거리는 멀리 있는 사람을 더욱 그립게 만드는 시간적 이미지가 돋보인다. "하늘에서 땅까지 닿은 / 긴 팔 뻗어 / 내 손 잡아 당겨주었으면"이라는 소망은 화자의 간절한 그리움을 극대화 시킨 고차원의 묘사이다. 건널 수 없는 강을 사이에 두고 화자는 그리운 사람을 간절히 만나고 싶은 심상을 묘사한다. 그리고 이와 같은 심상은 「먼 곳」은 김선우의 시인이 「내 몸속에 잠든 이 누구신가」에서 "그대가 밀어 올린 꽃줄기 끝에서 / 그대가 피는 것인데"라는 작품을 떠올리게 한다. 김선우의 "내 몸속에 잠든 이"나 권영숙의 "멀리 있는 사람"은 똑같이 사랑하는 대상이다. 그러나 「먼 곳」의 '그리운 사람'은 화자의 영혼 속에 잠들어 있는 대상이다. 그리고 화자는 시인을 대리하는 바, 곧 권 시인의 영혼에 잠들어 있는 존재이다. 그렇다면 권 시인의 영혼에 잠들어 있는 그리운 사람은 누구일까, 다음 작품에 그 답이 나와 있다.

①
(전략)
이른 봄 똑똑
누군가 문을 두드린다
창문을 연다
홀씨 하나가

가슴 속으로 날아든다
민들레를 좋아했던
그대는
지금도 민들레를 좋아하나 보다
(중략)
아, 그런가보다
그대는 민들레 홀씨가 되어
해마다 나를 찾아오나 보다
사뿐히 날아오른 민들레 홀씨가
천천히 천천히 방안을 돌다 사라진다
텅 비어버린 가슴 하늘보다 넓다
-「아. 그런가 보다」 중에서

②
(전략)
칠월이면
녹음이 짙어지는
칠월이면
산을 향해 우는 어미새가 있다

나뭇가지에 둥지를 틀고
새끼를 품을 수 없는 어미새
칠월의 푸름을 타고
어디론가 날아가 버린 새끼를
기다리는 어미새
(하략)
-「어미새와 허공」 전문

③
(전략)
안부를 묻고 싶다 잘 있는지,
그곳에서 행복한지
나의 사랑하는 사람
이젠 제법 나이를 먹었으리라
저 넓은 하늘에도 세월이 구름처럼 흐른다면
올해 한 사십쯤은 먹었으리라

흘러가는 구름처럼 살고 싶다
흐르다가 구름처럼 만나고 싶다
낮엔 푸른 하늘을 건너
밤엔 은하수를 건너
흐르다가 흐르다가 만나고 싶다

- 「흘러가는 구름처럼 살고 싶다」

작품 ①은 그리운 대상을 민들레 홀씨로 치환하여 그리움을 표출한다. 봄이면 민들레꽃이 핀 다음 꽃이 진 자리에 솜털 같은 홀씨가 바람을 타고 날아오르게 된다. 민들레 홀씨가 어느 날 화자의 방안으로 들어왔고, 화자는 그리운 사람의 영혼으로 바라본 것이다. 그리운 사람이 생전에 민들레를 좋아했던 추억과 함께 시인은 이런 현상을 그리운 사람의 넋으로 상징한 것이다.

작품 ②에서는 산에서 우는 어미새를 차용한다. 화자는 어미새들이 둥지에서 새끼를 품어준 것을 바라보며, 한탄

한다. "칠월이면 칠월이면 / 녹음이 짙어지는 칠월이면 / 산을 향해 우는 어미새가 있다"는 진술에서 알 수 있듯이 어미새가 산을 향해 우는 까닭은 새들처럼 "나뭇가지에 둥지를 틀고 / 새끼를 품을 수 없는 어미새"인 탓이다. "칠월의 푸름을 타고 / 어디론가 날아가 버린 새끼"라는 진술에서 알 수 있듯이 사랑하는 사람이 이 지상에 존재하지 않기 때문이다. 이미 그의 첫 시집『어미새』에서 고백했듯이 칠월은 자식이 영원의 세계로 떠나버린 달로 그에게 잔인한 달이다. 작품 ③은 표제작이기도 하면서 그리움에 대하여 가장 세련미를 갖춘 작품이다. 이 작품에는 그리움을 심오한 차원에서 그리고 있는가 하면 삶의 방향을 제시하는 이중적 구도를 취하고 있다. "그곳에서 행복한지" 안부를 묻고 싶다는 것이나 "이젠 제법 나이를 먹었을 것"이라는 시간의 흐름, "저 넓은 하늘에도 세월이 구름처럼 흐른다면 / 올해 한 사십쯤은 먹었으리라"는 묘사는 사랑하는 사람과 이별을 한 후 많은 시간이 흘러갔음을 말해주고 있다.

이와같은 맥락의 흐름은 「꿈이었으며 좋겠다」, 「보이지 않네」, 「칠월의 하늘」, 「가슴에 뜨는 별」, 등에서도 같은 심리적 정서가 계속된다. 그러나 이 작품들도 이전과 많은 격차를 보여주면서 긍정의 힘이 흐르고 있다. 「흘러가는 구름처럼 살고 싶다」에서 암시하듯이 드넓은 하늘을 자유롭게 흘러가는 구름처럼 모든 갈등에서 벗어나 사랑하는 사람과 만날 날을 기다린다는 의미를 내포하고 있다. 그러나 "흐르다가 구름처럼 만나고 싶다"거나 "낮엔 푸른 하늘을 건너 / 밤엔 은하수를 건너 / 흐르다가 흐르다가 만나고 싶다"는 것은 어쩔 수 없는 어미의 마음, 결코 떨쳐버릴 수 없는 심리를 보여준다.

4

　권 시인은 이번 시집을 통해 많은 변화를 보여준다. "누가 뭐라 해도 다시 하루가 시작되는 / 이 엄숙한 불변의 진리 앞에 / 나는 왜 눈물이 나는 걸까,"(「나는 왜 눈물이 나는 걸까」) 라는 진술에서도 짐작할 수 있듯이 그는 심오한 사유에 빠져든 것이다. 날마다 태양이 떠오르고 새날이 시작되는 것은 인간에게 새로운 기회를 제공해 준다는 것을 알고 있으며, 오늘은 어제 못다 한 일을 다시 할 수 있는 기회이며 부활을 상징한다는 것을 알아차린 것이다. 이러한 현상은 신에 대한 감사는 물론 삶에 대한 모든 것이 은혜롭다는 것을 인식했기 때문이다. 사물을 바라보는 폭이 그만큼 확장된 것이다. 개인의 범주를 벗어나 타자의 아픔에 대하여 눈을 돌린 것이다. 즉 강자에게 지배당하는 약자에 대한 관심인데「그녀와 나눈 한 끼 식사」,「빈 무덤」,「버려진 못」등에 잘 나타나 있다.

화창한 봄날 동대구역에서 언니와 만나기로 했다 /정성들여 도시락을 준비했다
찬합에 밥을 담고 몇 가지 조림반찬을 담고 부침개도 담았다
// 부산역에서 KTX 고속 기차를 타고 50분 만에 동대구역에 도착했다
언니와 광장 나무 아래 둥근 의자에 앉아 준비해온 도시락을 먹기 시작했다
하늘은 맑고 흰 구름이 흘러갔다 /구름을 타고 하늘을 날며 먹는 것 같았다
햇살이 간혹 나뭇잎 사이로 엿보고 갔다
// 수많은 사람들이 지나가면서 우리 도시락을 힐끔, 힐끔, 보면서 갔다
침을 삼키면서 갔다 그중 한 여성이 맛있겠어요, 라고 했다
호호, 같이 좀 먹을래요? 내가 말했다 그녀의 말에 대한 답으로, 그런데 그녀, 먹어도 돼요? 라고 한다. 아, 예, 여기와 앉으세요,
// 생면부지 낯선 여성과 함께 도시락을 먹었다
반찬이 맛있다며 그녀는 잘도 먹었다
요즘 세상에 처음 보는 낯선 사람에게 다가가 밥을 먹는 그녀가 이상하기도 하고
신기하기도 했다 한편으로는 얼마나 사람을 믿으면, 그럴까 싶었다. 고마웠다
// 입고 있는 옷도 얼굴도 예쁘다 그녀는 서울에서 누굴 만나려고 대구에 왔다고 했다 / 도시락은 셋이 먹고도 남았다.
그녀는 남은 밥과 찬을 바라보며 남은 걸 가져가도 되겠느냐고 물었다
흔쾌히 밥과 반찬을 모두 싸주었다
// 우리는 커피도 마시고 쇼핑을 하러 백화점으로 갔다
언니는 커피를 마시면서도, 나에게 예쁜 원피스를 사주면서도,

내내 그녀 생각을 했다 /얼마나 배가 고팠으면 우리가 그냥 해본 말인데 덥석 밥을 먹었겠느냐고, /아무래도 무슨 피치 못할 사정이 있는 것 같다고, 우리가 정말 좋은 일을 했노라고, //
생면부지 그녀와 나눈 한 끼 식사가 가끔 나를 기쁘게 한다
내가 정성껏 마련한 도시락을 너무나 맛있게 먹던 그녀를 생각할 때마다

- 「그녀와 나눈 한 끼 식사」 전문

「그녀와 나눈 한 끼 식사」는 경험을 내러티브한 담시로 전개된다. 동대구역에서 언니와 만나기로 한 화자는 도시락을 준비해 간다. 그리고 역 광장의 나무 그늘 아래서 도시락을 먹게 되고, 지나가는 낯선 여자와 우연히 도시락을 함께 먹게 된다. 일반적으로 이해가 가지 않는 일이다. 설사 밥 좀 먹고 가라고 권하더라도 낯선 사람의 밥을 먹을 사람은 아마 없을 것이다. 그런데 이 작품에서는 그런 일이 이루어진 것이다. 밥만 먹는 게 아니라 남은 밥과 반찬까지 싸 가지고 간 것이다. 밥을 먹고 남은 밥을 싸 가지고 간 그 여성을 "언니는 커피를 마시면서도, 나에게 예쁜 원피스를 사주면서도, 내내 그녀 생각을 했다 / 얼마나 배가 고팠으면 우리가 그냥 해본 말인데 덥석 밥을 먹었겠느냐고, /아무래도 무슨 피치 못할 사정이 있는 것 같다고"고 짐작한 대로 사정이 있을 것인데, 아무튼 사정을 막론하고 배가 고프다는 사실이 중요하다. 그리고 배가 고픈 사람에게 한 끼 식사는 천하의 어떤 보석보다도 값진

일이다. 사실 인간에게 한 끼 식사는 신이 내린 거룩한 일이다. 따라서 "내가 정성껏 마련한 도시락을 너무나 맛있게 먹던 그녀를 생각할 때마다 / 생면부지 그녀와 나눈 한 끼 식사가 가끔 나를 기쁘게 한다"는 진술은 매우 아름다운 일이 아닐 수 없다. 배가 고픈 사람은 당연히 약자이며 약자에 대한 관심은 「빈 무덤」에서도 잘 드러나 있다.

> (전략)
> 경북 고령 지산리 순장 무덤 44호분에 매장된
> 고대 사람들, / 대가야 왕과 왕의 가족들과 종들이 누워있다
> (중략)
> 그런데 여자 종 무덤 하나가 비어 있다
> 여종은 어디로 갔을까, 무덤에서 부활했을까,
> 도망쳤을까,
> 아직도 그 여종 찾지 못했다고,
> 도망간 여종의 무덤,
> 돌로 덮인 빈 무덤이 길게 누워있다
> 잘했다고 칭찬을 하며
> 그녀의 무덤에 꽃 한 송이 놓아주고 싶었지만 참아야 했다
> 아직도 왕은 그 여종을 찾고 있을지 몰라서,
> 찾아서 능지처참하려고 벼르고 있을 것만 같아서
>
> -「빈 무덤」 중에서

「빈 무덤」은 경북 고령에 있는 대가야 역사관을 탐방한 작품이다. 가야는 왕이 죽으면 살아 있는 시녀와 종들을

함께 순장하는 관습이 있는 것으로 알려져 있다. 그런데 시녀들 무덤 가운데 무덤 하나가 비어 있다. 시인은 시녀가 도망갔기를 바라는 마음에 "그녀의 무덤에 꽃 한 송이 놓아주고 싶었지만 참아야 했다 /아직도 왕은 그 여종을 찾고 있을지 몰라서, / 찾아서 능지처참하려고 벼르고 있을 것만 같아서"라고 진술한다. 시인은 죽어서도 왕의 지배에서 벗어나지 못한 시녀들 즉 약자들의 안위를 염려한 것이다.

이밖에도 권 시인의 성장은 괄목할만하다. 부연하거니와 정신은 "왜 사느냐"는 질문을 하게 되고, 정신은 그냥 살도록 내버려 두지 않기 때문이다. 앞에서 언급한 대로 오늘 내가 왜 사는지, 무엇을 해야 하는지를 권 시인은 자문하고 있다. 김춘수 시인의 『꽃』에 나타난 대로 꽃이 아무리 아름다워도 누가 그 이름을 불러주기 전에는 한낱 풀에 지니지 않았음을 생각한 것이다. 따라서 권 시인은 꼭 그 길을 가야만 하는 필연의 노래를 부르고 있는 것이다. 그건 숨쉬기인 탓이다. 100세 고령의 시바타 도요 시인이 한 권의 시집으로 세상에 희망과 위로를 선물로 주고 떠난 것처럼 권 시인도 못다 한 그리움을 세상에 아름다운 시로 남겨 많은 사람들에게 위로와 희망을 선물하기 바란다.

권영숙 제8시집

흘러가는 구름처럼 살고 싶다

초판1쇄 발행 2024년 9월 30일

지은이 권영숙
펴낸이 이길안
펴낸곳 세종출판사

주소 부산광역시 중구 흑교로 71번길 12 (보수동2가)
전화 051 − 463 − 5898, 253 − 2213~5
팩스 051 − 248 − 4880
전자우편 sjpl5898@daum.net
출판등록 제02-01-96

ISBN 979-11-5979-715-6 03810

정가 13,000원

이 책은 2024년 한국예술인복지재단 예술활동지원금으로 출판되었습니다.

이 책은 저작권법에 따라 보호받는 저작물이므로 무단전재와 무단복제를 금지하며, 이 책 내용의 전부 또는 일부 내용을 재사용하려면 사전에 저작권자와 세종출판사의 동의를 받아야 합니다.

* 잘못된 책은 교환해 드립니다.